LE LIVRET
D'ÉTAT CIVIL

Obligatoire

PAR

Henri BOURGERY

Juré de la Cour d'Assises d'Eure-et-Loir à la Session de Novembre 1890

BROCHURE DE PROPAGANDE

Prix : 15 Centimes

En VENTE : à Nogent-le-Rotrou, chez E. GOUHIER-DELOUCHE, Imprimeur-Libraire, et chez l'AUTEUR

NOGENT-LE-ROTROU

IMPRIMERIE-LIBRAIRIE DE E. GOUHIER-DELOUCHE

--

1891

A Messieurs les Sénateurs et Députés
d'Eure-et-Loir

LE LIVRET D'ÉTAT CIVIL

OBLIGATOIRE

PAR

Henri BOURGERY

*Juré de la Cour d'Assises d'Eure-et-Loir à la Session de
Novembre 1890*

Les Cours d'assises de trois départements, l'Eure, l'Eure-et-Loir et l'Hérault, jugeaient dernièrement (deuxième semestre de 1890), trois individus convaincus de bigamie, crime autrefois fort rare, mais que les lois nouvelles sur le divorce tendraient paraît-il à vulgariser.

Qui le croirait ! ces accusés ont eu un sort complètement différent : celui de l'Eure a été acquitté, et ceux de l'Eure-et-Loir et de l'Hérault se sont vus infliger cinq années de réclusion.

Tous trois cependant se savaient parfaitement engagés dans les liens d'un premier mariage et leurs épouses étaient si peu décédées ou absentes, qu'elles ont toutes trois comparu comme principal témoin.

Nos trois accusés étaient aussi, il faut s'empresser de le dire, sous le coup d'instances en divorce, que seules les lenteurs proverbiales de la justice en France, surtout en matière d'assistance judiciaire, avaient, pour leur plus grand malheur, empêché d'aboutir.

Pour en arriver à cet acquittement et à

ces condamnations, il a fallu que le jury de l'Eure tînt pour non avenu un fait aussi indéniable que la lumière du soleil, et que les deux autres jurys accordassent le bénéfice de circonstances atténuantes à un crime aussi réfléchi, aussi peu empreint de la passion du moment que celui consistant à contracter mariage après tous ces longs préliminaires qui d'ordinaire précèdent une union en projet.

Il faut en chercher la cause dans le peu de tendresse de la loi à l'égard du bigame ; l'article 340 de notre Code pénal lui réservant la peine afflictive et infamante des travaux forcés à temps.

Sans doute la bigamie est un grand crime, mais il est d'espèce particulière ; c'est un crime de lèse-société et beaucoup de citoyens peuvent fort bien n'en pas posséder la notion exacte ; ce n'est pas un crime passionnel, celui qui le commet a eu tout le temps de la réflexion, mais l'importance même du châtiment ne laisse aux jurés d'autre alternative que celle de l'extrême clémence, d'autant plus que le grand coupable est assurément la société elle-même.

La bigamie devrait en effet être rayée de notre Code pénal, par cela même que ce crime ne devrait pas pouvoir se commettre dans une société bien organisée.

Le rôle du législateur ne consiste-t-il pas, comme celui du père de famille, à empêcher de mal faire bien plutôt qu'à sévir quand le mal est fait ? et que dirait-on d'une personne qui, se fiant en ce que la loi punit sévèrement le vol, laisserait ostensiblement à la portée de tous son trésor, le croyant ainsi en sûreté, alors qu'il lui aurait été loisible de l'enfermer dans un bon et solide coffre-fort ?

La base primordiale de la société c'est le mariage, c'est-à-dire l'union légitime de l'homme et de la femme revêtue de toutes les formalités légales : le législateur a donc bien fait d'en faciliter l'accès et d'en fermer la sortie ou tout au moins d'entourer cette dernière de formalités qui la rendent fort difficile ; à l'exemple de ces caisses prévoyantes dans lesquelles les dépôts sont toujours facilement acceptés mais qui exigent pour les retraits des justifications telles qu'on les croirait établies en vue d'éviter toute restitution.

Mais cependant, il faut convenir que notre organisation en matière d'Etat Civil est des plus défectueuses, car ces trois bigames, sans commettre le moindre faux en écriture, ont pu encourir, bien un peu inconsciemment à la vérité, une peine terrible réservée d'ordinaire aux criminels dangereux et qu'une légère réforme dans la tenue des registres de nos mairies eût pu leur éviter, car le Code, avec juste raison, n'a pas prévu la simple tentative de bigamie.

Le moyen absolu d'empêcher le renouvellement de scandales pareils a été préconisé autrefois par un éminent publiciste, Emile de Girardin, et il consiste dans la tenue d'un *livret d'Etat Civil obligatoire*, dont nous allons indiquer en quelques mots le fonctionnement très simple, ainsi que les grands avantages à en retirer.

Mais d'abord le système du livret en France ne nous est pas inconnu ; n'avons-nous pas le livret militaire, les livrets d'ouvriers, les livrets de caisse d'épargne, le casier judiciaire, et dans beaucoup de mairies l'on remet aux époux, le jour du mariage, une feuille de famille destinée à inscrire les noms des enfants qui naîtront.

Voilà un premier commencement d'essai de livret d'Etat Civil, mais nous voudrions qu'il fût obligatoire, et en outre, tenu et délivré, non point par la mairie où a eu lieu le mariage, mais par celle du lieu de naissance de chacun des deux époux ; en un mot, dans chaque mairie de France, et au moment de la naissance de tout citoyen français, il serait ouvert un casier sur lequel seraient inscrits à tour de rôle les divers changements (mariages, naissances et décès d'enfants, divorces) survenus dans son état civil jusqu'au moment de sa mort, où son livret serait fermé pour toujours ; le tout s'opérant au moyen d'un système de renvois de mairie à mairie, comme cela se pratique entre les divers bureaux d'enregistrement de tout le territoire français.

Ainsi, par exemple, une personne naît à Chartres, domicile habituel ou même accidentel de ses parents ; c'est là que sera fixé à tout jamais son livret d'état civil, confié tout d'abord à ses parents ou tuteurs et dont elle ne devra plus tard jamais se séparer en quittant le foyer paternel ; cette personne ensuite établit son domicile au Mans où elle se marie ; l'officier de l'état civil constate qu'elle est possesseur d'un livret de la commune de Chartres, numéro tant ; immédiatement la mention du mariage sera faite sur ce livret et une feuille de mutation adressée à Chartres pour annoter sur le livret original conservé à la mairie le changement qui vient de s'opérer dans l'état civil du titulaire ; pareille opération séra faite à l'égard de l'autre conjoint.

Quelque temps après, les époux vont habiter Orléans, où il leur naît un enfant ; l'officier de l'état civil crée un livret pour l'enfant, annote cette naissance sur les livrets de chacun des conjoints et fait parvenir aux mairies respectives des communes de leur naissance la note de cette mutation, afin que les livrets d'origine soient tenus çonstamment à jour, c'est-à-dire au courant de tous les changements survenus dans l'état civil des titulaires.

Tout le monde comprend ce mécanisme simple et facile sur lequel il n'est point nécessaire de s'étendre plus longuement ; de même que nous n'avons nul besoin d'indiquer les moyens propres pour assurer le fonctionnement régulier et certain du système de renvois sus-indiqués, car il serait très important à cause de la perte possible, soit intentionnelle, soit involontaire d'un livret, de pouvoir le rétablir dans toute sa sincérité.

Ce livret d'état civil serait obligatoire en ce sens que chacun serait tenu d'en faire la représentation à première réquisition de l'autorité compétente, et ne pourrait faire aucun acte de la vie civile sans l'avoir produit ; les notaires seraient tenus, dans tous leurs actes, sous peine d'amende, de mentionner les numéros des livrets avec les noms des communes d'origine de toutes les personnes intéressées en ces actes, comme on le faisait autrefois pour le numéro des patentes des commerçants, de même qu'ils sont obligés dans divers cas, contrats de mariage ou vente, de donner lecture de certains articles du Code et de mentionner cette lecture.

Avec un peu d'habitude, chacun retiendra même bien vîte son numéro de livret ; est-ce que l'on n'a pas retenu ainsi son numéro du lycée, celui que l'on a tiré au sort, le numéro matricule du régiment ? est-ce que l'on ne connaît pas le numéro de sa maison ? Ce livret serait d'ailleurs une pièce d'une importance telle qu'on ne l'égarera pas plus que l'on ne perd d'ordinaire un objet auquel on attache quelque prix.

Nos voisins les Espagnols ont la *cedula personal*, sorte de carte d'identité, passeport ou feuille d'état civil, comme on voudra l'appeler, dont ils ne se séparent jamais ; c'est leur sauvegarde en bien des occasions, et les étrangers habitant l'Espagne sont tenus également de l'avoir en leur possession ; dans ce pays, l'on préférerait assurément la perte de son portemonnaie à celle de la *cedula personal* qui chaque année doit être renouvelée, car elle est frappée d'un impôt annuel, comme chez nous la patente pour le commerçant.

Faut-il également s'exagérer le surcroît de travail incombant du fait de cette innovation aux secrétaires de mairie ? Ce travail se réduira à peu de chose ; nous ignorons, à vrai dire, le total annuel des naissances, décès, mariages et divorces en France, mais ce chiffre, divisé par 36,000, nombre des communes, et le quotient lui-même par 365, nombre des jours de l'année, ne doit pas même donner le chiffre de une mutation par jour, car cela ferait le chiffre énorme de 13 millions. Pour les villes la proportion serait bien plus forte, mais les employés sont plus nombreux ; or, pour une ville de 10,000 âmes, la moyenne de dix mutations par semaine ne serait pas atteinte. Les opérations du recensement qui n'ont lieu, il est vrai, que tous les cinq ans, donnent une besogne autrement grande; mais, comme nous le verrons plus loin, la tenue du livret d'état civil simplifierait singulièrement les opérations longues et toujours un peu erronées du recensement, en leur donnant une précision en quelque sorte mathématique.

Nous avons, je pense, suffisamment montré que la tenue du livret d'état civil n'apporterait aucune perturbation sérieuse dans nos rouages administratifs ; c'est bien plutôt une affaire de soin qu'une besogne réelle ; il en serait comme du livret militaire dont le fonctionnement, quant à la régularité, échappe à toute critique.

Abordons maintenant la question des grands avantages qu'offrirait ce nouveau système de livret.

D'abord, à moins de fabriquer de toutes pièces toute une série d'actes publics, le crime de bigamie ne pourrait plus exister, et si nous devions continuer à avoir comme actuellement trois bigames par semestre, cela seul suffirait pour adopter d'emblée la réforme proposée.

En outre, les crimes de suppression et abandon d'enfants découverts par l'effet seul du plus pur hasard et cependant plus nombreux qu'on ne le pense généralement, ne seraient plus aussi faciles à commettre, leurs auteurs étant assurés de ne pouvoir demeurer impunis. Avec les habitudes nomades d'une grande partie de la population, la facilité de pouvoir se transporter rapidement d'une extrémité à l'autre du territoire, un enfant peut disparaître dans une famille , et cette disparition passer absolument inaperçue ; qui l'aura remarquée ? et qui d'ailleurs oserait douter qu'elle ne soit due à une cause naturelle ? Le livret, demandera lui, avec toute sa brutalité, des comptes exacts et réguliers ; au regard de la naissance, il lui faudra la mention du décès du disparu. Malheur au père, à la mère, au tuteur, qui ne pourrait répondre clairement à la question posée ! Tant mieux s'il ne s'agit que d'une simple omission à rectifier. On a vu des parents assez dénaturés pour séquestrer de malheureux enfants durant de longues années, et il a été prouvé que, dans beaucoup de ces cas, les plus proches voisins eux-mêmes ignoraient l'existence de ces infortunés martyrs.

Le livret d'état civil aurait également comme conséquence d'empêcher dans un grand nombre de cas les substitutions de personnes, de rendre moins fréquents les faux en écriture ainsi que les fausses déclarations rendant leurs auteurs passibles des peines attachées au stellionnat ; le notaire ayant en mains les livrets des contractants, pourra-t-il ignorer si le vendeur d'un immeuble est marié ou divorcé, s'il a eu des enfants d'un premier mariage, si ces enfants sont encore mineurs, si les biens dont on lui propose la vente ou l'hypothèque sont bien la propriété du proposant.

Ainsi, nous avons vu se présenter le fait suivant : Une personne décède laissant des héritiers collatéraux, en l'espèce des frères et sœurs ; ces derniers se présentent au nombre de cinq en l'étude du notaire, et après les renseignements d'usage, rendez-vous est pris pour procéder à l'inventaire ; or, dans l'intervalle, et par le plus grand des hasards, le notaire apprend que les héritiers ont omis de lui parler d'un sixième intéressé. Des explications fournies alors, il résulta que ces braves gens avaient volontairement caché l'existence de ce frère qui, disaient-ils, était un coureur, un de ces individus la honte des familles, n'ayant ni feu ni lieu, menant une existence vagabonde et dont ils n'avaient pas eu de nouvelles depuis un certain temps ; or, pour éviter la honte de retrouver parmi eux cette brebis égarée, et peut-être plus encore pour s'épargner les frais et les lenteurs du règlement de la succession dans laquelle se serait trouvé un absent, ce qui eût néces-sité les formalités de justice, ils avaient préféré ne rien dire, laisser ignorer l'existence de ce frère et commettre une mauvaise action, quoique le Code pose en principe que les successions appartiennent à ceux seuls qui viennent les appréhender en justifiant de leurs droits. Quelques semaines plus tard le notaire, à la suite d'une simple insertion dans des journaux très répandus, voyait se présenter en son étude un pauvre diable à mine chétive et habits dépenaillés venant réclamer sa part d'un héritage dont il se croyait évincé.

Le livret d'état civil aurait encore le grand avantage de fixer une fois pour toutes et d'une façon définitive l'orthographe des noms de famille ; il n'est pas rare, en effet, de rencontrer des frères et sœurs dont le nom propre diffère sous le rapport orthographique, et à plus forte raison s'il s'agit d'une parenté plus éloignée ; et cela se comprend, car il y a des noms dont la consonnance est la même, mais qui s'écrivent différemment suivant les contrées ;

or, il suffit en ce cas que des gens illettrés aillent se fixer dans des contrées différentes pour voir s'opérer un changement inévitable dans l'orthographe de leurs noms : c'est absolument fatal ; alors, que d'erreurs grosses de conséquences, que d'ennuis, de retards, de frais pour arriver à rétablir ce qui n'aurait jamais dû changer.

Comme tout nouveau progrès, ce livret d'état civil portera un coup mortel à quelques intérêts privés et notamment aux *généalogistes*, c'est-à-dire à ces agents d'affaires qui se chargent, lors du décès d'une personne *ab intestat,* et sans héritiers connus, de retrouver, moyennant l'abandon du quart ou plus de la succession à leur profit, les véritables bénéficiaires ; sans doute celui auquel on révèle l'existence d'une succession dont le profit eût été à jamais perdu pour lui sans cette révélation est encore trop heureux, au prix de ce sacrifice énorme, de pouvoir l'appréhender ; mais c'est aussi absolument immoral de penser qu'une chose semblable puisse exister ; comment, voilà une personne qui pour toucher ce qui lui appartient légitimement, ce qui est son bien, sa propriété, est obligée d'en abandonner au moins un quart, parce que les recherches à faire sur les registres d'état civil sont actuellement si complexes, si coûteuses, si embrouillées, que sans l'intervention de gens spécialement organisés pour ce genre de recherches, il n'aurait jamais pu arriver à établir ses droits ? L'Etat publie chaque année, à diverses époques, au *Journal Officiel*, les successions en déshérence ; croit-il, par le seul fait de cette insuffisante publicité, avoir rempli son devoir d'une manière complète? Non, il doit faire plus, et le livret d'état civil lui en fournira les moyens ; il est absolument indispensable, honnête même, qu'à chaque succession menacée de tomber en déshérence , les héritiers désormais connus et faciles à retrouver soient mis en demeure de prendre un parti ; les délais trop longs et le plus souvent inutiles de la prescription pourraient aussi être abrégés.

Pour les besoins de la statistique, si en honneur dans toutes nos administrations, le livret d'état civil sera d'une utilité incontestable ; il permettra, si je puis m'exprimer ainsi, de faire le recensement en chambre, car au moyen de la représentation par les habitants d'une ville de leurs livrets au jour donné, on aura, par leur dépouillement, réponse à toutes les questions posées d'ordinaire ; les mouvements de la population sont actuellement parfaitement déterminés puisque l'on connaît pour chaque année le nombre des naissances, des décès, des mariages et des divorces, mais le recensement quinquennal ou même triennal. ce qui serait préférable, aura désormais une toute autre importance; il contiendra un nouveau chapitre, celui des disparus, des absents ; ce sera l'examen de conscience de chaque famille devant compte à la société de l'existence de chacun de ses membres. Et comme sur tous les livrets originaux créés aux mairies de la France entière, mention de ce recensement sera annotée avec le domicile habituel ou passager de leurs titulaires au jour indiqué; il en résultera que les familles pourront ainsi connaître et savoir ce que sont devenus ceux des leurs que l'éloignement ou une brouille momentanée aura laissés sans nouvelles et le plus souvent même sans la connaissance exacte et précise de leur domicile. Quel élément nouveau vient ici s'ajouter pour arriver au rapprochement des familles, pour la reconstitution de ce lien si puissant, base de toute société et dont les moralistes déplorent sans cesse, avec juste raison, le trop grand relâchement, sans rien faire qui puisse en arrêter les progrès.

Autrefois l'on voyageait peu : le pays où l'on avait vu le jour était celui qui recevait aussi nos derniers adieux ; après l'absence nécessitée pour les besoins de la vie matérielle, il y avait le retour au village ; dans le même bourg, dans la même ville se trouvaient réunies en faisceaux de nombreuses familles dont tous les membres, quoique souvent entre eux d'une parenté commençant à s'éloigner étaient sur un pied de familiarité et d'intimité que l'on rechercherait vainement aujourd'hui où des neveux eux-mêmes ne semblent avoir aucun lien de parenté avec leurs oncles, les propres frères des auteurs de leurs jours.

Sans regretter plus qu'il ne convient ce bon vieux temps de la famille, duquel date sans aucun doute ce refrain populaire alors si naïvement vrai :

Sommes-nous pas cousins, cousines,
Sommes-nous pas cousins *tertous*,

il est bien permis d'espérer voir se conserver, malgré les distances, ces relations si désirables entre membres d'une même famille et le livret d'état civil, par ses pré-

cieuses indications, contribuerait grande-
ment à ces heureux rapprochements.

Nous ne demandons pas à compliquer
par trop la tenue de cette nouvelle pièce
d'état civil, désormais la plus importante
de toutes puisqu'elle résumera les autres, en
voulant qu'elle tienne lieu de livret militaire et de casier judiciaire. Il y a d'ailleurs un projet de loi ayant quelque chance
d'être adopté, destiné à faire effacer du
casier judiciaire certaines condamnations
que les magistrats seuls seraient appelés
à connaître, mais néanmoins le livret
d'état civil devra contenir les indications
utiles aux tiers ; celles faisant l'objet d'une
publicité spéciale, telles que les jugements
de privation de droits civils, ceux d'inter-
diction, de pourvoi de conseil judiciaire,
la mention des contrats de mariage, que
les contractants soient ou non commerçants, etc...

Il y aura évidemment toute une série de
prescriptions à édicter en vue d'assurer au
livret toute l'importance dont il sera
revêtu ; prescriptions concernant la tenue,
les falsifications dont il pourrait être l'objet,
les moyens de s'assurer s'il est à jour
(nous ne parlons bien entendu que du livret
demeurant aux mains de l'intéressé), les
mesures à prendre en cas de perte, vol ou
destruction, les responsabilités encourues
en cas de perte volontaire ou non justifiée,
la faculté à toute personne d'en faire le
dépôt légal à la mairie de son domicile,
l'obligation de ce dépôt, dans certains cas.
De même, et ainsi que cela se pratique
pour les actes de naissance, décès ou
mariage, les officiers de l'état civil délivre-
ront toutes copies ou expéditions de ces

nouveaux livrets, avec mention de la date de cette délivrance.

Nous avons en France toute une série de réformes désirées et impatiemment attendues, mais dont la mise au point est sans doute difficile à obtenir; telles sont celles concernant : le Code de procédure, le Code d'instruction criminelle, l'organisation judiciaire, l'organisation administrative, le cadastre, les contributions indirectes, les chemins de fer, une répartition plus équitable des impôts directs et beaucoup d'autres dont l'énumération serait trop longue. Toutes ces réformes, quoique devant produire les plus utiles effets pour l'ensemble de la nation n'en comportent pas moins des inconvénients dont il faut tenir compte, capables d'en arrêter l'essor et qui empêchent leur adoption immédiate. Toute réforme, en effet, entraîne toujours avec elle un bouleversement plus ou moins profond, de ce qui existait alors; ce sont des droits acquis méconnus, des intérêts particuliers lésés, des habitudes routinières à vaincre et, le plus souvent, de fortes dépenses que ne permettent pas toujours les ressources limitées d'un budget.

Avec le livret d'état civil, aucun de ces inconvénients ne se présente, et les municipalités, en raison même de la fréquence des demandes d'extraits de ces livrets auxquelles elles auront à répondre, trouveront là bien plutôt de nouvelles sources de revenus que de réelles et onéreuses dépenses.

Une foule de fonctionnaires et d'administrations en ressentiront les incontestables avantages et, pour ne citer que les conservateurs des hypothèques par exemple, que de responsabilités, souvent très-graves pour eux, seront ainsi écartées, du jour où avec un état civil bien établi, il n'y aura plus d'erreurs possibles dans l'orthographe des noms et dans l'ordre des prénoms des personnes inscrites aux tables de leurs nombreux registres.

Nous nous permettons donc d'attirer l'attention de nos Députés et Sénateurs, de tous nos gouvernants en un mot, sur l'adoption d'une mesure dont nous avons esquissé à traits fort raccourcis les avantages les plus saillants, mais qui en comporte beaucoup d'autres dont les effets se feraient tout particulièrement ressentir dans la pratique de l'existence ; nous recommandons cette petite pièce ajoutée, sans trop les compliquer, aux rouages volumineux de notre machine administrative, mais dont l'utilité ne sera contestée par personne si, comme nous le pensons, nous avons été assez heureux pour en avoir fait la complète démonstration.

Que chacun donc veuille bien propager cette idée, que l'initiative parlementaire la prenne sous son égide, et ainsi préparée dans l'esprit de l'opinion, cette réforme introduite sans secousses, sans révolution dans nos mœurs, parfaitement compatible avec le régime d'un peuple libre comme nous le sommes et entendons l'être sera, malgré son caractère obligatoire, acceptée avec reconnaissance par tous les bons citoyens en raison des services qu'elle est appelée à rendre.

HENRI BOURGERY,

Juré de la Cour d'assises d'Eure-et-Loir,
à la session de novembre 1890.

NOTA. — Le rapport tout récent de M. Georges Villain, conseiller municipal du quartier Saint-Vincent-de-Paul, à Paris, concernant les dépenses du service de la reconstitution des actes de l'Etat civil détruits en 1871, vient donner un nouvel appui à l'utilité du livret d'Etat civil obligatoire.

Depuis vingt années, ce travail de reconstitution n'est pas encore achevé, et les dépenses ont atteint le chiffre de 4,713,000 francs ; sur près de 3,000,000 d'actes reconstitués , 765,000 seulement l'ont éte d'après des extraits authentiques délivrés antérieurement à 1871, c'est-à-dire un quart seulement ; il a fallu pour 455,000 autres la production par les intéressés de pièces jugées dignes de foi par la Commission, et pour les 1,780,000 de surplus, utiliser les registres des paroisses, et encore la reconstitution d'office n'a-t-elle été poussée que jusqu'en 1820 pour les actes de naissances.

Il est inutile d'insister plus longtemps pour montrer qu'avec le livret d'Etat civil obligatoire, une reconstitution semblable eut été faite rapidement, sans frais pour ainsi dire, et en outre d'une façon beaucoup plus complète, si ce n'est même absolument complète.

Nogent-le-Rotrou. — Imp. GOUHIER-DELOUCHE

www.ingramcontent.com/pod-product-compliance
Lightning Source LLC
Chambersburg PA
CBHW051324050726
47595CB00008B/3704